DISCOVRS
VERITABLE DE LA

*Vie, mort, & des os du Geant Theuto-
bocus, Roy des Theutons, Cimbres &
Embrosins & Tingurins, lequel fuſt
deffait 105. ans auant la venue de
noſtre Seigneur Ieſus Chriſt.*

Ntre tous les effects que ceſte
grande Mere & ouuriere de
toutes choſes de Nature, a iamais produict en ce bas Vni-
uers, l'enorme grandeur de certaines per-
ſonnes vulgairement appellees Geants, a
touſiours tenu le plus haut rang & degré
ſur le theatre des merueilles; teſmoins en
ſont les ſainctes Eſcriptures en la deſtru-
ction de ceſte tour de confuſion, ie dis la
tour de Babel, teſmoins les Poëtes en leurs
Gigantomachies, teſmoin l'admiration a-
uec laquelle les hiſtoriens vont deſcriuant
ces eſtranges Coloſſes, teſmoin en fin l'e-

thimologie de leur nom de Geant, qui ne
veut dire autre chose que fils de la terre;
comme s'il n'euſt pas eſté au pouuoir des
hommes de les engendrer, ce qui fait dire
à Iuuenal.

Satyr. 4. *Vnde fit vt malim fraterculus eſſe gi-*
gantum.

voulant exprimer vne race obſcure & in-
cognuë comme n'ayãt eſté produicte que
de la terre : Et qui plus eſt ceux qui n'ont
point voulu ramper ſi bas, ont bien oſé aſ-
Lactāce, ſeurer que leurs progeniteurs n'auoyent
Firmian eſté autres que les Genies & Demons,
liu. 10. comme ſi ceſte generation eſtoit impoſſi-
chap. 15. ble aux hommes, & comme ſi la Nature
n'auoit autre remede pour eſleuer ſi haut
ces eſtranges Coloſſes. N'eſt il bien vray-
ſemblable que ceſte grande Architecture
ne leur aye peu fournir vne extreme cha-
leur,& humeur tout enſẽble, vrais inſtru-
ments & vrayes cauſes de ceſte enorme
grandeur,& par ce moyen mettre en pra-
ctique l'actiome,

Picolomi
neus de *Operatur natura quantum, & quan-*
ſcientia *diu poteſt,*
ciuili grã
du 10. ſans neantmoins faire aucun ſault,
cap. 9.

Ab

DISCOVRS

VERITABLE DE LA VIE,

MORT, ET DES OS DV GEANT

Theutobocus, Roy des Theutons, Cimbres &
Ambrosins, lequel fut deffaict 105. ans auant
la venuë de noftre Seigneur Iefus Chrift.

*Auec fon armee, qui eftoit en nombre de quatre
cents mille cõbatans, deffaicte par Marius Con-
ful Romain, & fuft enterré prés vn Chafteau
nommé Chaumon, et à prefent, Langon, pro-
che la villé de Romans en Daulphiné.*

Là où on a trouué fa tumbe de la longueur de
trente pieds, fur laquelle fon nom eftoit efcrit
en lettre Romaine, & les os tirez excedent 25.
pieds, y ayant vne des dents d'yceluy pefant 11.
liures, comme au vray on vous les fera voir en
cefte ville, qui eft du tout monftreux, tant en
hauteur qu'en groffeur.

A Lyon, Par IEAN POYET. 1613.

AVEC PERMISSION.

*Ab extremis ad extrema, Natura enim
in fuis operationibus non facit faltum.* Arist. 9. de natu-ra ani-malium.

Il est dõc vray, & qu'il y peuſt auoir eu des
Geants ſur la terre, & qu'ils ont peu auoir
pour progeniteurs des hommes, non ſeulement deuant le deluge, ains lõg temps
apres. Et à ce propos, auant que paſſer aux
profanes, faict pour moy le docte S. Auguſtin, quand il va racontant, qu'vn peu au-
parauant la ruïne que firent les Gots, il y
euſt à Rome vne femme de la grandeur
d'vn Geant, les parens de laquelle n'outre-
paſſoyent point la meſure, comme de la
ſtature des autres hommes. Et de faict d'où
auroit eſté engendré vn Goliath. De quel
Ciel ſeroit tõbé Og Roy de Baſan, le premier eſtant grand de ſix coudees & vne
palme, ſelon Samuel, & le lict du ſecond
qui eſtoit de fer, ayant neuf coudees de lõ-
gueur. La coudée ſelon la ſuppntation des
Grecs eſtant de deux pieds, & ſelon les
Latins d'vn pied & demy. Dauantage, ne
vois ie pas les Iſraëlites ne ſembler que
ſauterelles à comparaiſon des Amachins?
N'entends-ie pas toute l'Antiquité pro-
clamer contre ceux qui d'vne arrogance
plus que terreſtre, oſent nier auoir iamais

marché sur la terre des hommes de telle grandeur ? Et en premier lieu, Plutarque en la vie & l'ame de l'Antiquité, recite que Sertorius estant entré en la ville de Tingien en laquelle selon les Lybiens, il auoit ouy dire que le corps d'Athenes estoit, ce que ne pouuant croire pour la grandeur de la sepulture, le fit descouurir & ouurir, & y ayât trouué vn corps d'hôme de trente coudées de long, en demeurâ grandement esmerueillé, & apres auoir immolé dessus vne hostie, fit recouurir & refermer le tumbeau. Pline curieux en la recerche des choses naturelles, nous en presentera le second, disant qu'en Crete maintenant nommée Candie, vn grand terre tremble estant excité, & vne montagne abatuë & renuersee, on trouua le corps d'vn homme droict estant de 46. coudees, lequel quelques vns ont voulu dire estre le corps d'Orion, les autres d'Othion. Philostrate en ses Heroïques nous en va descriuant trois, en semblable grandeur pour le moins, non de moindre admiration. Le test de la teste d'vn desquels il raconte n'auoir peu remplir du tout de vin, auec 72. pintes candiotes. Quelques vns en ont voulu descrire, le premier de la

hau

Plutar-
que en
la vie de
Serto-
rius 3.

hauteur de 3 o.coudées, le secõd de 22. &
le troisiesme de 12. mais d'autãt qu'il ne va
exprimant que la grandeur de celuy qui
fuſt trouué en l'Iſle de Cos, qu'il dit eſtre
de 18 pieds,ne faiſant aucune mention de
la hauteur de celuy de Lemnos trouué par
Menocrates,ni auſſi de celuy qui fut deſ-
couuert en l'Iſle d'Imbros , n'ayant deli-
beré d'apporter icy que les choſes plus a-
uerées , ie me contenteray ſeulement de
demeurer auec Philoſtrate. En fin les Hiſtoriens nous en produiſent vne infinité
d'autres comme celuy qui fuſt tɩouué en
Cicile de 40. pieds ,cõme le corps d'O-
reſtes,tiré hors par le commandement de
l'Oracle,eſtant de ſept coudées , comme
celuy duquel il y a encor quelques oſſements à Valence,comme ceſte femme de
Cilicie, que deſcrit Zonatas en la vie de
l'Empereur Iuſtin Thracian , qui en hauteur ſurpaſſoit plus que d'vne coudée les
plus grands hommes que l'on luy euſt peu
preſenter;comme en fin vn des deux Ma-
ximiens Empereurs, lequel au rapport de
Iulius Capitolinus en ſa vie, ſelõ Cordus,
ſe ſeruoit du braſſelet de ſa femme pour
anneau , tiroit & comme rauiſſoit apres
ſoy les Carroces & charrettes chargees,
briſoit

brifoit & puluerifoit entre fes doigts la
pierre nommée thopafe, mangeoit 40. &
60. liures de chair ; beuuoit vne certaine
mefure nommée amphora Capitolina ;
laffoit 15. 20 & 30. foldats, & à la luicte
en réuerfoit dix en vn corps; bref exerçoit
vne infinité d'autres actes, qui ne peuuét
fignifier en luy qu'vne eftrange grandeur.
Ie n'aurois iamais faict, & me perdrois au
defnombrement de ces enormes Coloffes
fi ie voulois recercher tout ce que l'hiftoi-
re, memoire du têps, nous en a laiffé vne
chofe feule : ne puis-ie pas paffer foubs
filence, à fçauoir, combien grande deuoit
eftre la force de Turnus, quand il jetta
cefte pierre contre Ænée, fur laquelle Virgile dit, que douze hommes de front fe
pouuoyent coucher, par ces vers,

Saxum immane ingens, campo qui forte iacebat
Limes agro pofitus, litem vt difcerneret aruis:
Vix illud lecti bis fex ceruice fubirent,
Qualia nunc hominum producit corpora tellus,
Ille manu raptum trepida torquebat in hoftem.

Mais pourquoy prens-ie tant de peine à
vous reprefenter deuât les yeux ces grâds
corps, comme par vn image, puis que Mô-
fieur de Langon gentilhomme Daulphi-
nois, en a defcouuert vn reel & naturel fur
fes terres, que toute la France a deuant les
yeux

yeux. Vn di-ie, sinon grãd de 60. coudées,
comme vn Antheus, sinon de 46. comme
vn Orion & autres. Neantmoins ne peut
que rauir de grande admiration ceux qui
auront ce bon-heur que de le voir, sinon à
tout le moins les principaux ossemẽts qui
par leur grandeur le nous representent, &
font iuger à l'œil pour le moins de la grãdeur de 20. pieds l'os de la cuisse & de la
iambe deuant qu'estre aucunement rom-
pas conioincts ensemble, venans iusques à
la grandeur de neuf pieds, quoy que des-
nué & de ioinctures, du pied, & sembla-
bles autres choses. Mais ne nous enque-
rons pas seulement qu'elle est sa grandeur,
cerchons ce qui pourra estre dit de son
nom, Outre qu'il s'est trouué sur la tumbe
le nom de Theutobocus, Flore le vous en-
seignera en son 3. liure chap. 3. de la guerre
des Cimbres, Teutons, & Tigurins, descriuant son estrange grandeur, en ce qu'il
estoit eminent de beaucoup par dessus
les trophees, & qu'il passoit par dessus
4. & 6. cheuaux; voicy ce qu'il en dit.
Certè Rex ipse Theutobocus quaternos se-
niósque equos transilire solitus, vix vnum
cum fugeret ascendit, proximoque in saltu

Les Tro-
phees é-
stoyent
erigez à
vn des
pl'grãds
arbres
qu'ils
treu -
uoyent.

Ie sçay
biẽ qu'il
y en au-
ra qui
voudrõt
dire que
ce passa-
ge se
doit en-
tendre,
qu'il me-
noit a-
pres soy

B

comprehensus insigne spectaculum triumphi fuit, quippe vir proceritatis eximiæ super trophea ipsa eminebat.

Mais à celle fin de recercher l'histoire vn peu plus haut, on peut sçauoir que l'an 642. de la Ville de Rome bastie, & le 105. deuant l'incarnation de nostre Sauueur, les Cimbres, Teutons, Tigurins, & Ambrons, quittans leur païs, soit pour le rauaage d'eaux, que de la mer Occeane, par son exondation, auoit faict, comme veut Florus, soit par la resolution de renuerser & destruire du tout l'Empire Romain, comme dit Orosius, ou à autre but & intention, ayant faict & composé vne grande & grosse armee, vindrent attaquer le camp de Marius posé non guères loin de la coniunction du Rhosne & de Lysere, & apres auoir combatu quelques iours ayant faict trois trouppes: quelques vns prindrét le chemin de l'Italie, & donnerent loisir à Marius de changer son camp, & le loger en vn lieu plus auantageux, le campent sur vne petite couline eminente sur les ennemis; ce qu'ayant fait, & estant venu aux mains, la victoire estant demeurée neutre iusques à midy, en fin la chance se tourna

sur

Marginalia:

quatre & six cheuaux, pour chãger de l'vn à l'autre: mais la grãdeur du personnage au respect des cheuaux renuerce du tout le doute. *Li.3.c.3.*

Lib 5.ca. 16.

Itaque Marius quartum Consul eu iuxta Isara Rhodanique flumina vbi in se confluunt castra posuisset, &c.

Orosius lib.5.cap. 16.Historix aduersus paganos.

sur les Tigurins & Ambrons: de telle façõ
qu'à grand' peine s'en estant sauué trois
mille, il en demeura sur les catreaux deux
cents mille armés, & huictante mille pri-
sonniers, entre lesquels leur Roy Theutobocus rendit le trophée insigne par sa
mort. Les femmes d'ailleurs n'ayant peu
obtenir la demande faicte à Marius qui
consistoit en la liberté, & au moyen de
pouhoir seruir à leurs dieux, apres auoir
donné de leurs enfans contre les murailles
en partie s'entretuerent par ensemble, en
partie se pandirent, ayant faict des cordes
de leurs cheueux ; & voilà ce qu'en dit
Orosee au lieu sus alegué. Ie sçay bien que
quelques vns sous l'authorité de Plutarque & Florus, m'objecteront que Marius
defit ces troupes à Aix & à Marseille, &
que mesmes les Marsiliens fermerét leurs
vignes d'hayes faictes des os des morts,
tant fust grande la desconfiture. Mais à
cela le grand nombre de gens, duquel e-
stoit composée ceste armee, fait voir clai-
rement, que Marius ne les deffit pas tous
à vne fois; outre que puis que nous auons
des-ja dit, qu'ils se despartirent en trois
troupes, l'vne prenãt le chemin de l'Italie,
l'autre tenant de pres Marius. Il est proba-

Oros. dit
Theuto-
bodus,
mais la
faute est
à l'im-
presse.

Florus li.
3. cap. 3.

Plutar-
que en la
vie de
Marius.

ble que la troisiefme fuft celle-là que Plutarque dit auoir efté deffaicte à Aix & à
Marseille; & quoy que Florus confonde
la mort de Theutobocus, auec la deffaicte
que ledit Marius fit à Aix, neantmoins tát
parce que ceux-cy eftoyent vrayement de
fes gens, & pour l'authorité d'Orofe, que
d'autant que nous trouuons la grandeur
fpecifiee par Florus, l'on ne peut que l'on
ne côcede noftre Geát eftre le vray Theutobocus. Et combien que n'aurions pas
cefte preuue qu'ils ayét efté deffaicts pro-
che du Chafteau de Chaumon, dit maintenant Langon; neantmoins les medailles,
qui fe font trouuees dans fa tumbe, outre
que le nom de Marius y eft demôftré par
vne femblable figure.　　　　Si eft-ce
qu'à caufe de la reffem　　　blâce qu'-
elles ont auec celles de　　　l'Amphi-
theatre d'Orange dit de　　　Marius,
tout foupçon eft ofté à ceux qui feront fi
opiniaftres, que de n'en vouloir rien croire, fi toutesfois il y peut auoir de ces Geás
encor en ce temps, ie veux dire des cœurs
& iugements fi terreftres. Puis donc qu'il
confte affes fuffifammét de fon nom, par-
lons plus particulierement de quelques
autres parties de fon corps, & accôplifsôs
la

la prophetie de Virgile,

Grādiāq; effoſſis mirabitur oſſa ſepulchris.

Et entre autres ne laiſſons pas eſchapper les dents, deſquelles tāt s'en faut que nous en diſions ce que dit le docte S. Auguſtin de la dent qu'il vit au bord de la mer de la Cité d'Vtique, laquelle on pouuoit iuger eſtre cent fois plus grande que chaſcune des dents de noſtre aage, qu'au contraire i'oſeray doubler le nombre en la moindre de celles de noſtre Theutobocus, deſquelles vne chaſcune de celles que nous auōs à les voir, reſſemblent entierement & en forme, & en grādeur le pied d'vn taureau de 20. mois. Que ſi l'on peut iuger du Lyō par l'ongle, ie vous laiſſe à penſer quelle gorge de four il deuoit auoir. Et afin de n'eſtre plus long, laiſſant la deſcriptiō d'vne partie d'vne coſte & de l'eſpaule, & ſéblables autres oſſements que l'on pourra facilement voir; ie parleray ſeulement de l'eſpeſſeur des vertebres de l'eſpine du dos, par la dimenſion deſquelles l'on peut ſçauoir au vray, combiē eſtoit haut eſleué noſtre grand corps, & ie croy qu'il n'y a perſonne qui eſtant tant ſoit peu entendu en ces choſes ne le iuge ſurpaſſer 25. pieds

Lib. 15. c. 5 de la cité de Dieu.

Ex vngue Leonem.

vne

vne chacune des vertebres eſtant plus eſpeſſe de beaucoup, que la grandeur de la tierce partie d'vn pied, voire approchant le demy pied deuant qu'eſtre rien rõpuës. Ie laiſſe maintenant au Lecteur à faire la ſupputation, y ayant 28. vertebres outre les trois de la queuë dictes ſimilitudinaire, & ie m'aſſeure & oſe encor biẽ dire cela qu'on trouuera qu'il ne dement aucunement ſa tumbe qu'on a trouué grande de trente pieds. Voilà ce que ſelon mon incapacité ie vous ay peu dire de Theutobocus Roy, ſinõ du tout, au moins d'vne partie des Tigurins, Cimbres, Teutons & Ambrons, trouué ceſte preſente annee, Mil ſix cens treze, enuiron 17. & 18. pieds dans terre, tout au pres du Chaſteau autresfois dit Chaumon, maintenãt Langon, aupres d'vn petit tertis & coline, tout à la plus grand' gloire de Dieu, & en apres à l'honneur du ſieur de Langon.

Par ſon treſ-humble ſeruiteur.

IAQVES TISSOT.